AF187398

Impressum
Verlag: BABADADA GmbH, Nedderfeld 112 , 22529 Hamburg
Geschäftsführer / Verlagsleitung: Harald Hof
Druck: Books on Demand GmbH, In de Tarpen 42, 22848 Norderstedt

Imprint
Publisher: BABADADA GmbH, Nedderfeld 112 , 22529 Hamburg, Germany
Managing Director / Publishing direction: Harald Hof
Print: Books on Demand GmbH, In de Tarpen 42, 22848 Norderstedt, Germany

școală
בית ספר

sală de clasă
כיתה
a împărți
חילק
186/2
curte a școlii
tablă
לוח
profesor
מורה
hârtie
נייר
a scrie
כתב
instrument de scris
עט
masă de birou
שולחן עבודה
riglă
סרגל
carte
ספר
elev
תלמיד

ghiozdan

ילקוט

penar

קלמר

creion

עיפרון

ascuțitoare

מחדד

radieră

גומי מחיקה

bloc de desen

חוברת סרטוט

desen

סרטוט

pensulă

מברשת

cutie de acuarele

קופסת צבעים

foarfece

מספריים

lipici

דבק

caiet de exerciţii

ספר תרגול

temă

שיעור בית

12

număr

מספר

2+2

a aduna

חיבר

5-2

a scădea

חיסר

2×2

a multiplica

הכפיל

a calcula

חישב

A

literă

אות

ABCDEFG
HIJKLMN
OPQRSTU
VWXYZ

alfabet

אלפבית

hello

cuvânt

מילה

text

טקסט

a citi

קרא

cretă

גיר

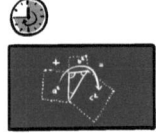

oră

שיעור

catalog

יומן נוכחות

examen

מבחן

certificat

תעודה

uniformă școlară

תלבושת בית ספר

educație

חינוך

enciclopedie

אנציקלופדיה

universitate

אוניברסיטה

microscop

מיקרוסקופ

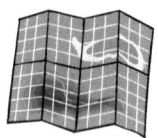

hartă

מפה

coș de gunoi

סל נייר

hotel
מלון
hostel
הוסטל
casă de schimb valutar
המרת מטבע
valiză
מזוודה
autovehiculul
אוטו

limbă

שפה

da/nu

כן / לא

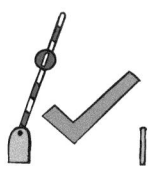

okay

בסדר

Bună!

שלום

interpret

מתרגם

mulțumesc

תודה

Cât costă...?

?.....כמה עולה

Nu înțeleg

אני לא מבין

problemă

בעיה

Bună seara!

ערב טוב!

Bună dimineața!

בוקר טוב!

Noapte bună!

לילה טוב!

la revedere

להתראות

direcție

כיוון

bagaj

כבודה

geantă

תיק

rucsac

תרמיל גב

oaspete

אורח

cameră

חדר

sac de dormit

שק שינה

cort

אוהל

punct de informare turistică

מרכז מידע לתיירים

plajă

חוף ים

carte de credit

כרטיס אשראי

mic dejun

ארוחת בוקר

masa de prânz

ארוחת צהריים

cină

ארוחת ערב

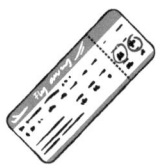

bilet de călătorie

כרטיס

lift

מעלית

timbru poștal

בול

graniță

גבול

vamă

מכס

ambasadă

שגרירות

viză

אשרה

pașaport

דרכון

transport
תחבורה

avion
מטוס
vas
אונייה
mașină de pompieri
כבאית
autobuz
אוטובוס
camion
משאית
șalupă
סירת מנוע
bicicletă
אופניים
autovehicul
אוטו

feribot

מעבורת

barcă

סירה

motocicletă

אופנוע

mașină de poliție

ניידת משטרה

mașină de curse

מכונית מרוץ

mașină închiriată

רכב שכור

car sharing

מכוניות בשיתוף

mașină de tractat

אוטו גרר

mașină de gunoi

משאית זבל

motor

מנוע

combustibil

דלק

benzinărie

תחנת דלק

semn de circulație

תמרור

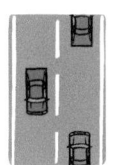

trafic

תנועה

ambuteiaj

פקק תנועה

parcare

חניה

gară

תחנת רכבת

șine

פסי רכבת

tren

רכבת

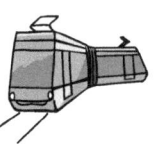

tramvai

רכבת קלה

vagon

קרון

elicopter

מסוק

aeroport

שדה-תעופה

turn

מגדל

pasager

נוסע

container

קונטיינר

carton

קרטון

căruţă

עגלה

coş

סל

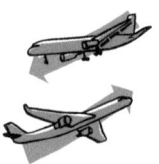

a decola/a ateriza

המראה / נחיתה

oraș

עיר

sat

כפר

centru

מרכז העיר

casă

בית

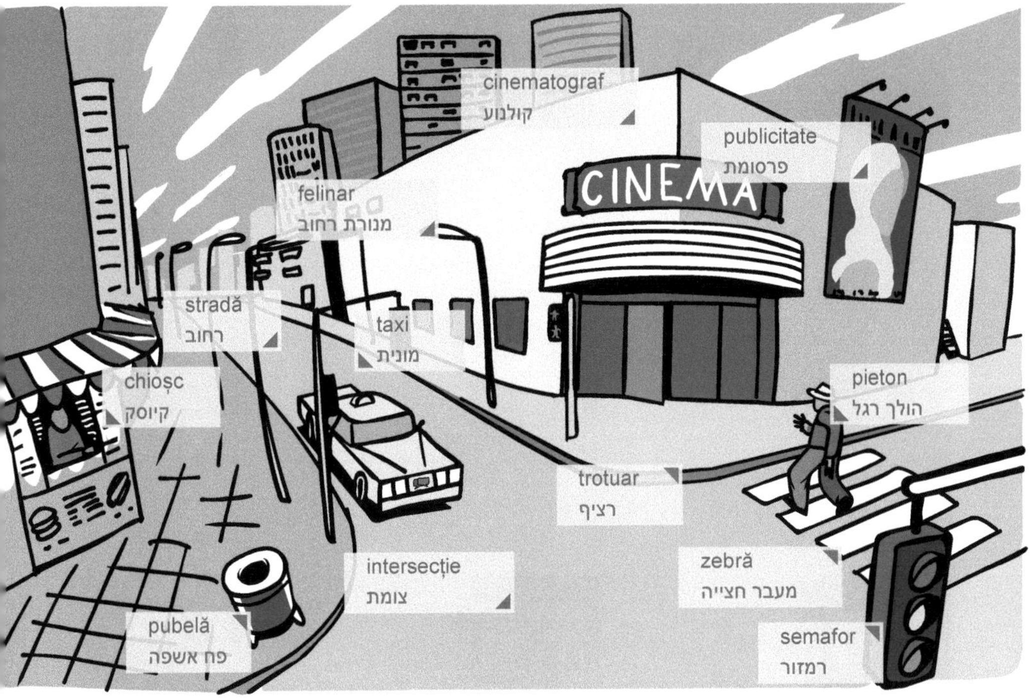

cinematograf
קולנוע
publicitate
פרסומת
CINEMA
felinar
מנורת רחוב
stradă
רחוב
taxi
מונית
chioșc
קיוסק
pieton
הולך רגל
trotuar
רציף
zebră
מעבר חצייה
intersecție
צומת
pubelă
פח אשפה
semafor
רמזור

cabană

בקתה

apartament

דירה

gară

תחנת רכבת

primărie

עירייה

muzeu

מוזיאון

școală

בית ספר

universitate

אוניברסיטה

bancă

בנק

spital

בית חולים

hotel

מלון

farmacie

בית מרקחת

birou

משרד

librărie

חנות ספרים

magazin

חנות

florărie

חנות פרחים

supermarket

סופרמרקט

piață

שוק

magazin universal

כל-בו

comerciant de pește

מוכר דגים

centru comercial

קניון

port

נמל

parc

פארק

bancă

ספסל

pod

גשר

trepte

מדרגות

metrou

רכבת תחתית

tunel

מנהרה

staţie de autobuz

תחנת אוטובוס

bar

בר

restaurant

מסעדה

cutie poştală

תא דואר

tăbliţă indicatoare cu
numele străzii

שלט רחוב

parcometru

מדחן

grădină zoologică

גן חיות

piscină

בריכת שחיה

moschee

מסגד

gospodărie țărănească
חווה

poluare
זיהום

cimitir
בית עלמין

biserică
כנסייה

loc de joacă
מגרש משחקים

templu
בית מקדש

peisaj
נוף

frunză
עלה

indicator
תמרור

drum
דרך

pajiște
מרעה

piatră
אבן

copac
עץ

drumeț
מטייל

râu
נהר

iarbă
דשא

floare
פרח

vale

בקעה

deal

הר

lac

אגם

pădure

יער

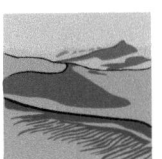

deșert

מדבר

vulcan

הר געש

castel

טירה

curcubeu

קשת בענן

ciupercă

פטריה

palmier

דקל

țânțar

יתוש

muscă

זבוב

furnică

נמלה

albină

דבורה

păianjen

עכביש

gândac

חיפושית

broască

צפרדע

veveriță

סנאי

arici

קיפוד

iepure

ארנב

bufniță

ינשוף

pasăre

ציפור

lebădă

ברבור

porc mistreț

חזיר בר

cerb

צבי

elan

אייל הקורא

dig

סכר

turbină eoliană

טורבינת רוח

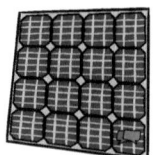

panou solar

פנל סולארי

climă

אקלים

restaurant
מסעדה

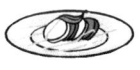

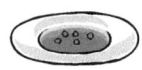

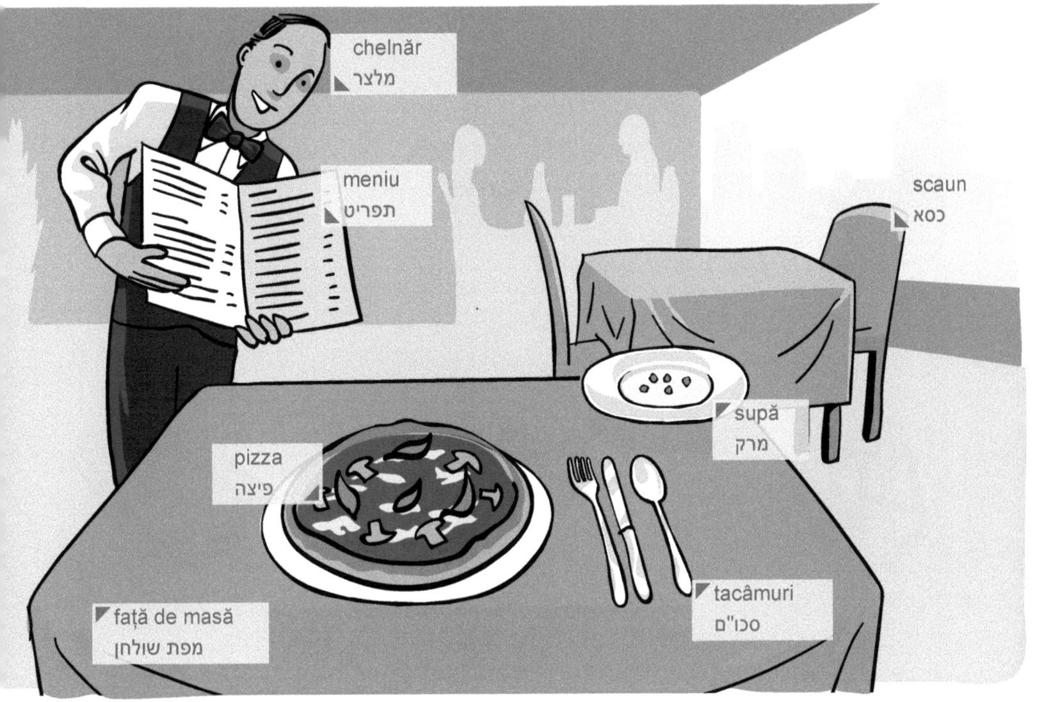
chelnăr
מלצר
meniu
תפריט
scaun
כסא
supă
מרק
pizza
פיצה
tacâmuri
סכו"ם
față de masă
מפת שולחן

antreu
....
מנת פתיחה

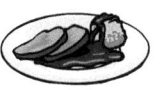

fel principal
....
מנה עיקרית

desert
....
קינוח

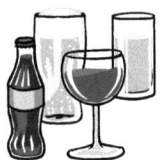

băuturi
....
שתיות

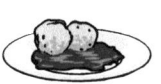

mâncare
....
אוכל

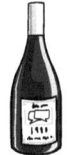

sticlă
....
בקבוק

fastfood

מזון מהיר

streetfood

אוכל רחוב

ceainic

קנקן תה

zaharniță

מסכרת

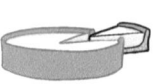

porție

מנה

espressor

מכונת אספרסו

scaun înalt (pentru copii)

כסא תינוק

factură

חשבון

tavă

מגש

cuțit

סכין

furculiță

מזלג

lingură

כף

linguriță

כפית

șervețel

מפית

pahar

כוס

restaurant - מסעדה

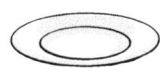

farfurie

צלחת

farfurie de supă

קערת מרק

farfurie

תחתית

sos

רוטב

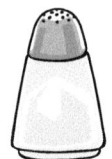

solniță

מלחייה

râșniță de piper

מטחנת פלפל

oțet

חומץ

ulei

שמן

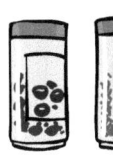

condimente

תבלינים

ketchup

קטשופ

muștar

חרדל

maioneză

מיונז

supermarket

סופרמרקט

ofertă
מבצע
client
לקוח
produse lactate
מוצרי חלב
fructe
פירות
cărucior de cumpărături
עגלת קניות

măcelărie

אטליז

brutărie

מאפייה

a cântări

שקל

legume

ירקות

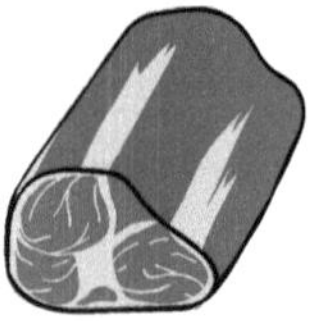

carne

בשר

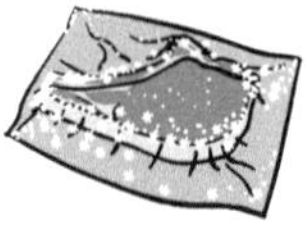

alimente refrigerate

מזון קפוא

ezeluri și brânzeturi feliate

....

בשר קר

conserve

....

שימורים

detergent

....

אבקת כביסה

dulciuri

....

ממתקים

articole de menaj

....

מוצרי בית

produse de curățenie

....

חומר ניקוי

vânzătoare

....

מוכרת

casă

....

קופה

casier

....

קופאי

listă de cumpărături

....

רשימת קניות

orar

....

שעות פתיחה

portmoneu

....

ארנק

carte de credit

....

כרטיס אשראי

geantă

....

תיק

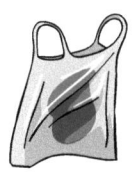

pungă de plastic

....

שקית ניילון

bǎuturi

שתיות

apă

מים

suc

מיץ

lapte

חלב

cola

קולה

vin

יין

bere

בירה

alcool

אלכוהול

cacao

קקאו

ceai

תה

cafea

קפה

espresso

אספרסו

cappucino

קפוצ'ינו

banane

בננה

măr

תפוח

portocală

תפוז

pepene

אבטיח

lămâie

לימון

morcov

גזר

usturoi

שום

bambus

במבוק

ceapă

בצל

ciupercă

פטריות

nuci

אגוזים

paste făinoase

אטריות

spagheti

ספגטי

orez

אורז

salată

סלט

cartofi prăjiți

צ'יפס

cartofi țărănești

צ'יפס

pizza

פיצה

hamburger

המבורגר

sandwich

כריך

șnițel

שניצל

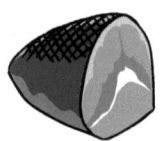

șuncă

שינקין

salam

סלאמי

cârnați

נקניקיה

pui

עוף

friptură

טיגון

pește

דג

fulgi de ovăz

שיבולת שועל

musli

מוזלי

cereale

קורנפלקס

făină

קמח

corn

קרואסון

chifle

לחמנייה

pâine

לחם

pâine prăjită

טוסט

biscuiți

עוגיות

unt

חמאה

brânză de vaci

גבינה לבנה

prăjitură

עוגה

ou

ביצה

ouă ochiuri

ביצת עין

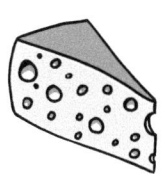

brânză

גבינה

îngheţată
גלידה

zahăr
סוכר

miere
דבש

marmeladă
ריבה

cremă nuga
ממרח נוגט

curry
קארי

gospodărie țărănească
חווה

șură
אסם
balot de paie
חבילת שחת
câmp
שדה
cal
סוס
remorcă
עגלת נגרר
tractor
טרקטור
mânz
סייח
măgar
חמור
oaie
כבש
miel
טלה

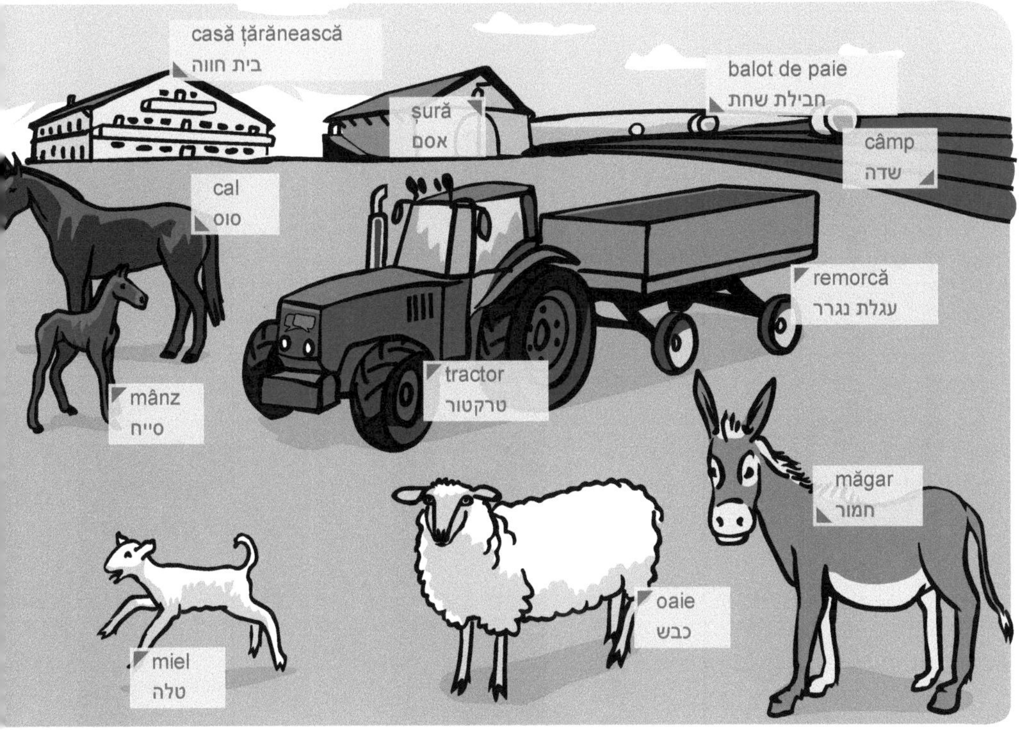

capră
עז

vacă
פרה

vițel
עגל

porc
חזיר

purcel
חזרזיר

taur
שור

găină

אווז

rață

ברווז

pui

אפרוח

găină

תרנגולת

cocoș

תרנגול

șobolan

חולדה

pisică

חתול

șoarece

עכבר

bou

שור

câine

כלב

cușcă

מלונה

furtun de grădină

צינור השקיה

stropitoare

קנקן מים

coasă

חרמש

plug

מחרשה

seceră

מגל

sapă

מגרפה

furcă

קלשון

secure

גרזן

roabă

מריצה

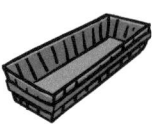

troacă

שוקת

cană pentru lapte

כד חלב

sac

שק

gard

גדר

grajd

אורווה

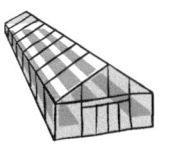

seră

חממה

sol

אדמה

sămânță

זרע

fertilizator

דשן

combină de treierat

מקצרה

a culege

קצר

recoltă

קציר

cartof yam

בטטה אפריקנית

grâu

חיטה

soia

סויה

cartof

תפוח אדמה

porumb

תירס

rapiță

קנולה

pom fructifer

עץ פירות

manioc

קסבה

cereale

דגנים

casă

בית

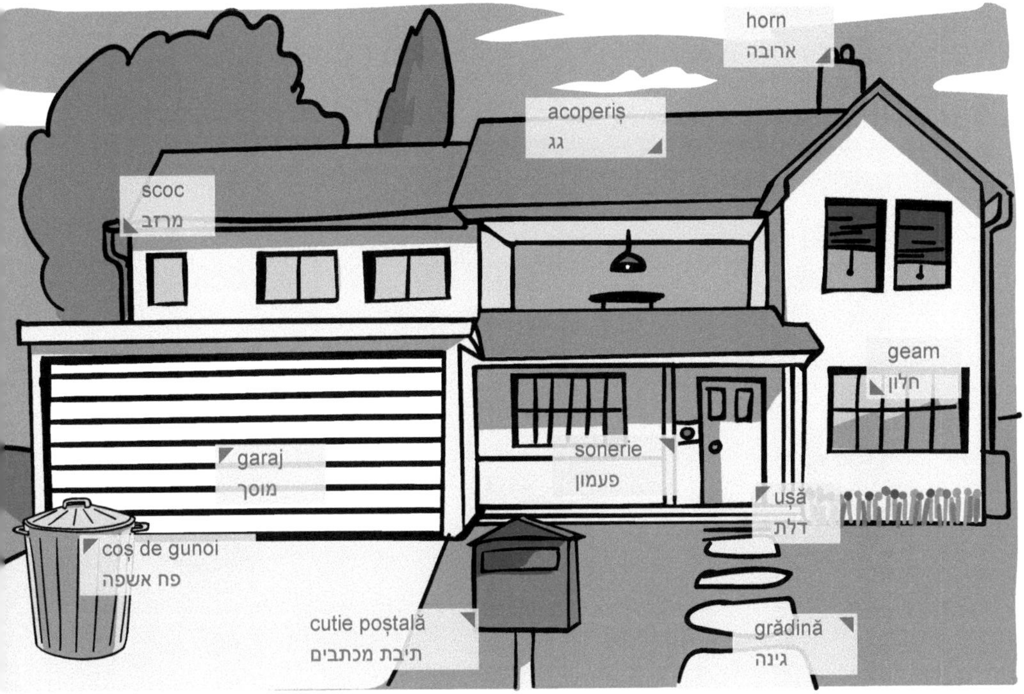

horn
ארובה
acoperiș
גג
scoc
מרזב
geam
חלון
garaj
מוסך
sonerie
פעמון
ușă
דלת
coș de gunoi
פח אשפה
cutie poștală
תיבת מכתבים
grădină
גינה

cameră de zi

סלון

baie

חדר אמבטיה

bucătărie

מטבח

dormitor

חדר שינה

camera copiilor

חדר ילדים

sufragerie

חדר אוכל

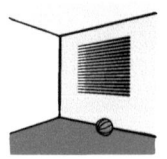

podea

רצפה

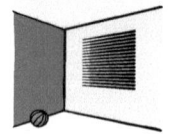

perete

קיר

tavan

תקרה

pivniță

מרתף

saună

סאונה

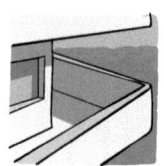

balcon

מרפסת

terasă

מרפסת

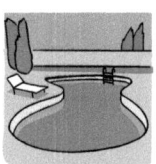

piscină

בריכה

mașină de tuns iarba

מכסחת דשא

cearșaf

סדין

cuvertură

כיסוי מיטה

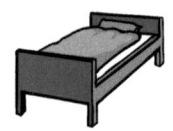

pat

מיטה

mătură

מטאטא

găleată

דלי

întrerupător

מפסק

camera de zi
סלון

tapet
טפט
pictură
תמונה
lampă
מנורה
raft
מדף
dulap
ארון
televizor
טלוויזיה
șemineu
אח
floare
פרח
pernă
כרית
sofa
ספה
vază
אגרטל
telecomandă
שלט רחוק

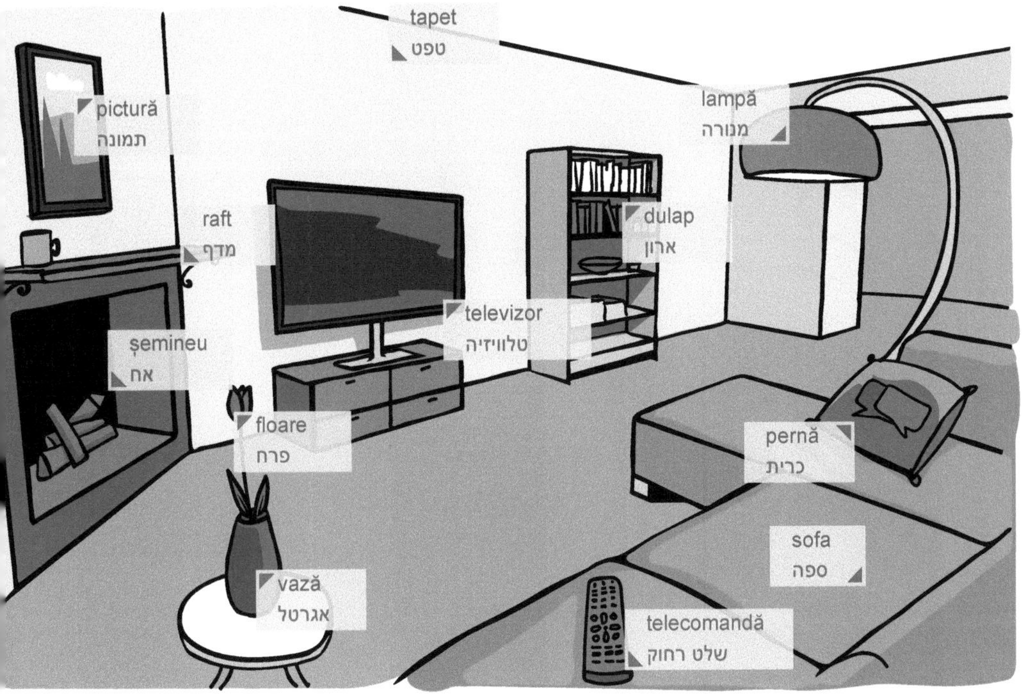

covor

שטיח

perdea

וילון

masă

שולחן

scaun

כסא

balansoar

כיסא נדנדה

fotoliu

כורסה

carte

ספר

pătură

שמיכה

decoraţiune

דקורציה

lemn de foc

עצי הסקה

film

סרט

instalaţie stereo

מערכת סטריאו

cheie

מפתח

ziar

עיתון

desen

ציור

poster

פוסטר

radio

רדיו

caiet de notiţe

מחברת

aspirator

שואב אבק

cactus

קקטוס

lumânare

נר

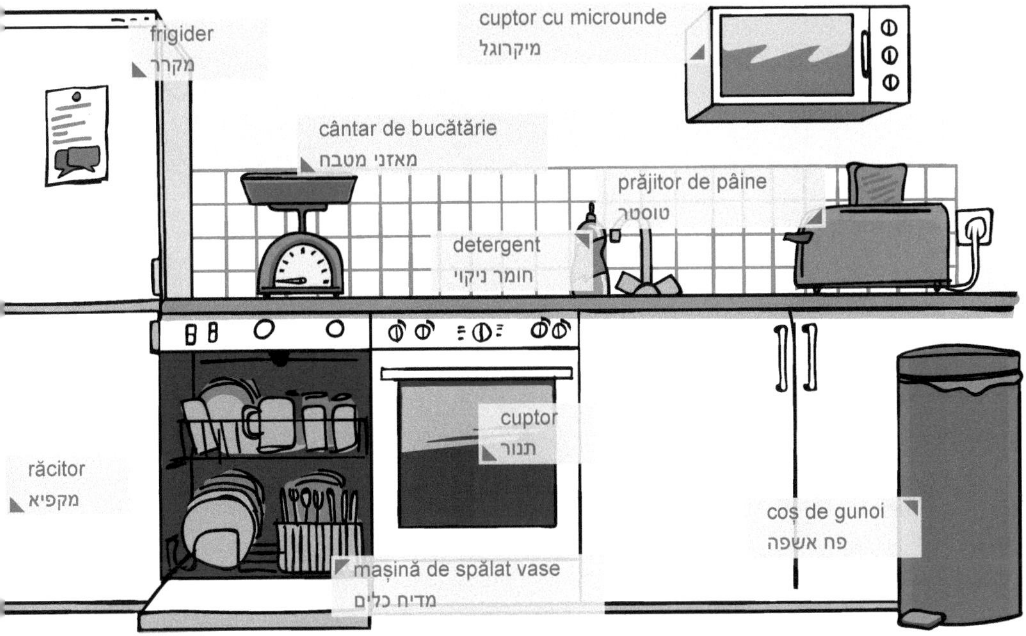

frigider
מקרר

cuptor cu microunde
מיקרוגל

cântar de bucătărie
מאזני מטבח

prăjitor de pâine
טוסטר

detergent
חומר ניקוי

răcitor
מקפיא

cuptor
תנור

coș de gunoi
פח אשפה

mașină de spălat vase
מדיח כלים

cuptor	oală	oală de metal
תנור	סיר	סיר ברזל

wok/kadai	tigaie	ceainic
ווק	מחבת	קומקום חשמלי

oală de gătit cu aburi

מאדה

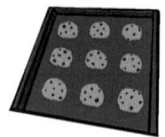

tavă de copt

מגש אפייה

veselă

כלי אוכל

pahar

ספל

bol

קערה

bețișoare

צ'ופסטיקס

polonic

מצקת

spatulă

מרית

tel

מטרפה

sită

מסננת בישול

sită

מסננת

răzătoare

מגרדת

mojar

מכתש

grătar

גריל

loc pentru grătar

מדורה

tocător

קרש חיתוך

sucitor

מערוך

tirbușon

פותחן פקקים

conservă

פחית

deschizător de conserve

פותחן קופסאות

șervete termice

מטלית

chiuvetă

כיור

perie

מברשת

burete

ספוג

mixer

בלנדר

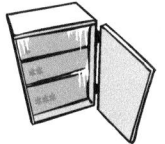

ladă frigorifică

מקפיא

biberon

בקבוק לתינוק

robinet

ברז

baie

חדר אמבטיה

încălzire
חימום
prosop
מגבת
duș
מקלחת
perdea de duș
וילון מקלחת
baie cu spumă
אמבטיית קצף
cadă
אמבטיה
pahar
כוס
mașină de spălat
מכונת כביסה
robinet
ברז
gresie
אריחים
oală de noapte
סיר לילה
chiuvetă
כיור

toaletă
אסלה

toaletă turcescă
אסלת כריעה

bideu
בידה

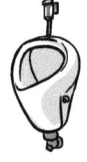

pisoir
משתנה

hârtie igienică
נייר טואלט

perie de toaletă
מברשת אסלה

periuță de dinți

מברשת שיניים

pastă de dinți

משחת שיניים

ață dentară

חוט דנטלי

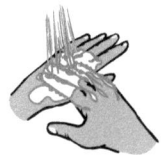

a spăla

שטף

cap de duș

מקלחת יד

duș intim

צינור שטיפה לשירותים

lavoar

קערת רחצה

perie pentru spate

מברשת גב

săpun

סבון

gel de duș

ג'ל רחצה

șampon

שמפו

cârpă de spălat

ליפה

scurgere

ניקוז

cremă

קרם

deodorant

דיאודורנט

oglindă

מראה

oglindă cosmetică

מראת יד

aparat de ras

סכין גילוח

spumă de ras

קצף גילוח

aftershave

אפטרשייב

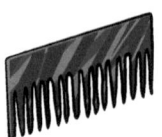

pieptene

מסרק

perie

מברשת

uscător de păr

מייבש שיער

fixator

ספריי לשיער

machiaj

איפור

ruj

שפתון

lac de unghii

לק

vată

צמר גפן

foarfece de unghii

מספריים לציפורניים

parfum

בושם

neseser

תיק כלי רחצה

taburet

שרפרף

cântar

משקל

halat de baie

חלוק רחצה

mănuși de cauciuc

כפפות גומי

tampon

טמפון

tampon

תחבושת סניטרית

toaletă chimică

שירותים כימיקליים

camera copiilor
חדר ילדים

ceas deșteptător
שעון מעורר
jucărie de pluș
צעצוע חיבוק
mașină de jucărie
מכונית צעצוע
morișcă
רעשן
casă de păpuși
בית בובות
cadou
מתנה

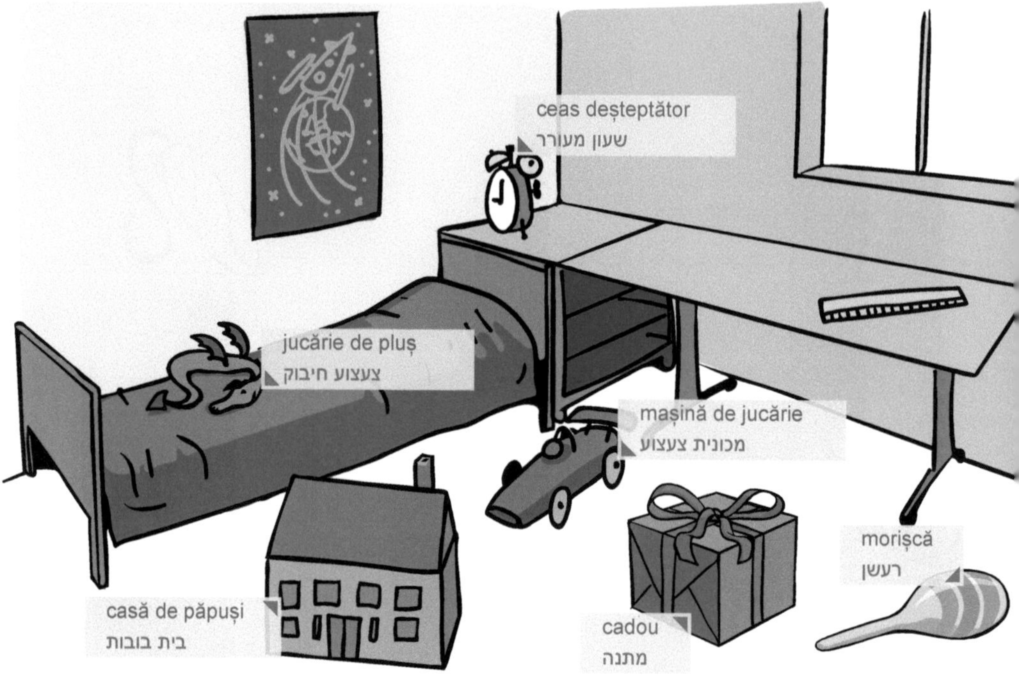

balon
בלון

pat
מיטה

cărucior de copii
עגלה

joc de cărți
משחק קלפים

puzzle
פאזל

revistă de benzi desenate
קומיקס

cuburi lego

לגו

piese pentru construcții

קוביות משחק

personaj din filmele de acțiune

דמות משחק

body

סרבל תינוקות

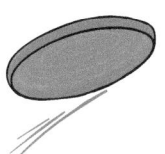

frisbee

פריזבי

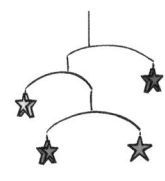

mobil

נייד

joc de societate

משחק לוח

zar

קוביה

set trenuleț de jucărie

רכבת צעצוע

suzetă

מוצץ

petrecere

מסיבה

carte cu poze

אלבום תמונות

minge

כדור

păpușă

בובה

a se juca

שיחק

groapă de nisip

ארגז חול

leagăn

נדנדה

jucării

צעצועים

consolă video

קונסולת משחקים

tricicletă

אופניים תלת גלגלי

ursuleț

דובון

dulap

ארון בגדים

îmbrăcăminte

בגדים

șosete

גרביים

ciorapi

גרביונים

dres

גרביון

şal
צעיף

umbrelă
מטריה

tricou
חולצת טי

curea
חגורה

cizme
מגפיים

papuci
נעלי בית

pantofi sport
נעלי ספורט

sandale
....
סנדלים

încălţăminte
....
נעליים

cizme de cauciuc
....
מגפי גומי

chilot
....
תחתונים

sutien
....
חזייה

maiou
....
וסט

body	pantaloni	blugi
גוף	מכנסיים	ג'ינס

fustă	bluză	cămașă
חצאית	חולצה מכופתרת	חולצה

pulover	jerseu	sacou
אפודה	סווצ'ר עם קפוצ'ון	בלייזר

jachetă	palton	pelerină de ploaie
ז'קט	מעיל	מעיל גשם

costum	rochie	rochie de mireasă
תלבושת	שמלה	שמלת כלה

costum

חליפה

cămașă de noapte

כותונת לילה

pijama

פיג'מה

sari

סארי

batic

מטפחת ראש

turban

טורבן

burka

בורקה

caftan

קאפטן

abaya

עבאיה

costum de baie

בגד ים

șort

בגד ים

pantaloni scurți

מכנסיים קצרים

trening

בגד אימון

șorț

סינר

mănuși

כפפות

nasture

כפתור

ochelari

משקפיים

brățară

צמיד יד

lanț

שרשרת

inel

טבעת

cercel

עגיל

căciulă

כובע

umeraș

קולב

pălărie

כובע

cravată

עניבה

fermoar

רוכסן

cască

קסדה

bretele

כתפיות

uniformă școlară

תלבושת בית ספר

uniformă

מדים

bavețică

מפית אוכל

suzetă

מוצץ

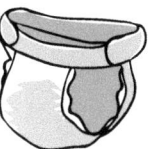

scutec

חיתול

birou

משרד

server
שרת
dulap de acte
תיקייה
imprimantă
מדפסת
hârtie
נייר
monitor
מסך
mouse
עכבר
שולחן עבודה
fișier
תיק
tastatură
מקלדת
coș de gunoi
סל נייר
computer
מחשב
scaun
כסא

ceașcă de cafea

ספל קפה

calculator

מחשבון

internet

אינטרנט

laptop

מחשב נייד

scrisoare

מכתב

mesaj

הודעה

telefon mobil

נייד

rețea

רשת

copiator

מכונת צילום

software

תוכנה

telefon

טלפון

priză

שקע

fax

פקס

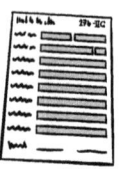

formular

טופס

document

מסמך

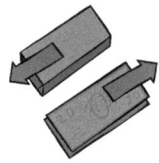

a cumpăra

קנה

a plăti

שילם

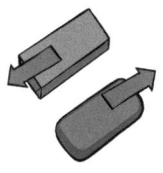

a face comerț

סחר

bani

כסף

Dolar

דולר

Euro

יורו

Yen

ין

Rublă

רובל

Franc Elvețian

פרנק שווייצרי

renminbi yuan

יואן רנמינבי

Rupie

רופי

bancomat

כספומט

casă de schimb valutar

המרת מטבע

aur

זהב

argint

כסף

petrol

נפט

energie

אנרגיה

preț

מחיר

contract

חוזה

impozit

מס

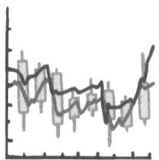

acțiune

מנייה

a munci

עבד

angajat

עובד

angajator

מעסיק

fabrică

מפעל

magazin

חנות

ocupații
מקצועות

polițist
שוטר
pompier
כבאי
bucătar
טבח
medic
רופא
pilot
טייס

grădinar

גנן

tâmplar

נגר

cusătoreasă

תופרת

judecător

שופט

chimist

כימאי

actor

שחקן

şofer de autobuz

נהג אוטובוס

şofer de taxi

נהג מונית

pescar

דייג

femeie de serviciu

עובדת נקיון

tinichigiu

מתקן גגות

chelnăr

מלצר

vânător

צייד

pictor

צייר

brutar

אופה

electrician

חשמלאי

muncitor în construcţii

עובד בניין

inginer

מהנדס

măcelar

קצב

instalator

אינסטלטור

poştaş

דוור

soldat

חייל

arhitect

אדריכל

casier

קופאי

florar

מוכר פרחים

frizer

ספר

controlor

כרטיסן

mecanic

מכונאי

căpitan

קברניט

stomatolog

רופא שיניים

om de știință

מדען

rabin

רב

imam

אימאם

călugăr

נזיר

preot

כומר

instrumente
כלי עבודה

cleşte
צבת
ciocan
פטיש
şurubelniţă
מברג
cheie
מפתח ברגים
lanternă
פנס

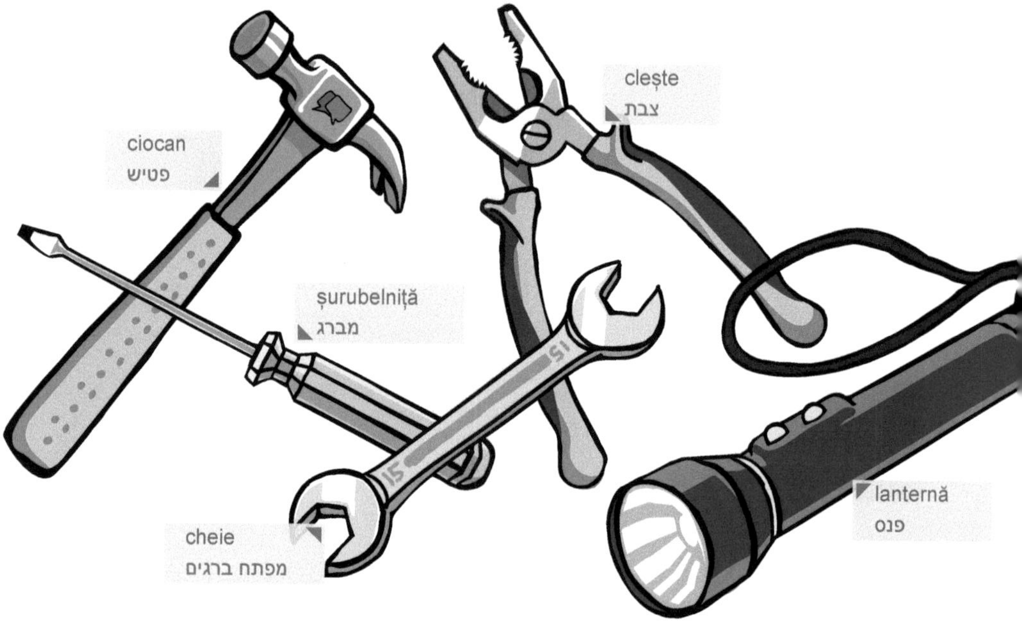

excavator
דחפור

cutie de scule
ארגז כלים

scară
סולם

ferăstrău
מסור

cuie
מסמרים

burghiu
מקדחה

a repara

תיקן

lopată

את חפירה

La naiba!

לעזאזל!

făraș

יעה

vas pentru vopsea

פח צבע

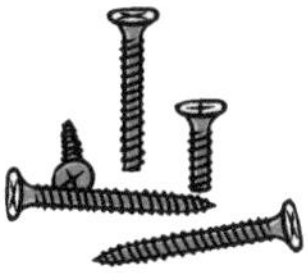

șuruburi

ברגים

instrumente muzicale

כלי נגינה

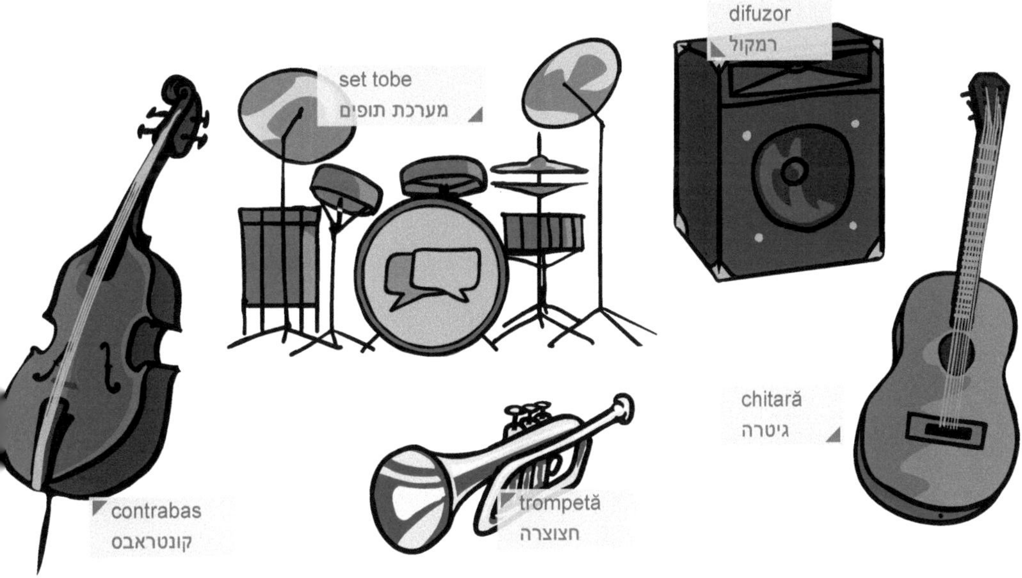

difuzor
רמקול
set tobe
מערכת תופים
chitară
גיטרה
contrabas
קונטראבס
trompetă
חצוצרה

pian

פסנתר

vioară

כינור

bas

בס

trombon

תוף הדוד

tobă

תופים

keyboard

מקלדת פסנתר

saxofon

סקסופון

fluier

חליל

microfon

מיקרופון

grădină zoologică

גן חיות

intrare
כניסה
tigru
נמר
cușcă
כלוב
zebră
זברה
mâncare pentru animale
מזון לחיות
panda
פנדה

animale

בעלי חיים

elefant

פיל

cangur

קנגרו

rinocer

קרנף

gorilă

גורילה

urs

דוב

cămilă

גמל

struț

יען

leu

אריה

maimuță

קוף

flamingo

פלמינגו

papagal

תוכי

urs polar

דוב הקרח

pinguin

פינגווין

rechin

כריש

păun

טווס

șarpe

נחש

crocodil

תנין

îngrijitor grădina zoologică

שומר גן החיות

focă

כלב ים

jaguar

יגואר

ponei

סוס פוני

leopard

לאופרד

hipopotam

היפופוטאם

girafă

ג'ירפה

acvilă

נשר

porc mistreț

חזיר בר

pește

דג

broască țestoasă

צב

morsă

סוס ים

vulpe

שועל

gazelă

איילה

sport
ספורט

fotbal american
פוטבול אמריקאי
ciclism
רכיבת אופניים
tenis
טניס
basketball
כדורסל
înot
שחיה
box
אגרוף
hockey pe gheață
הוקי

fotbal
כדורגל

badminton
בדמינטון

atletism
אתלטיקה

handbal
כדור-יד

schi
עשה סקי

polo
פולו

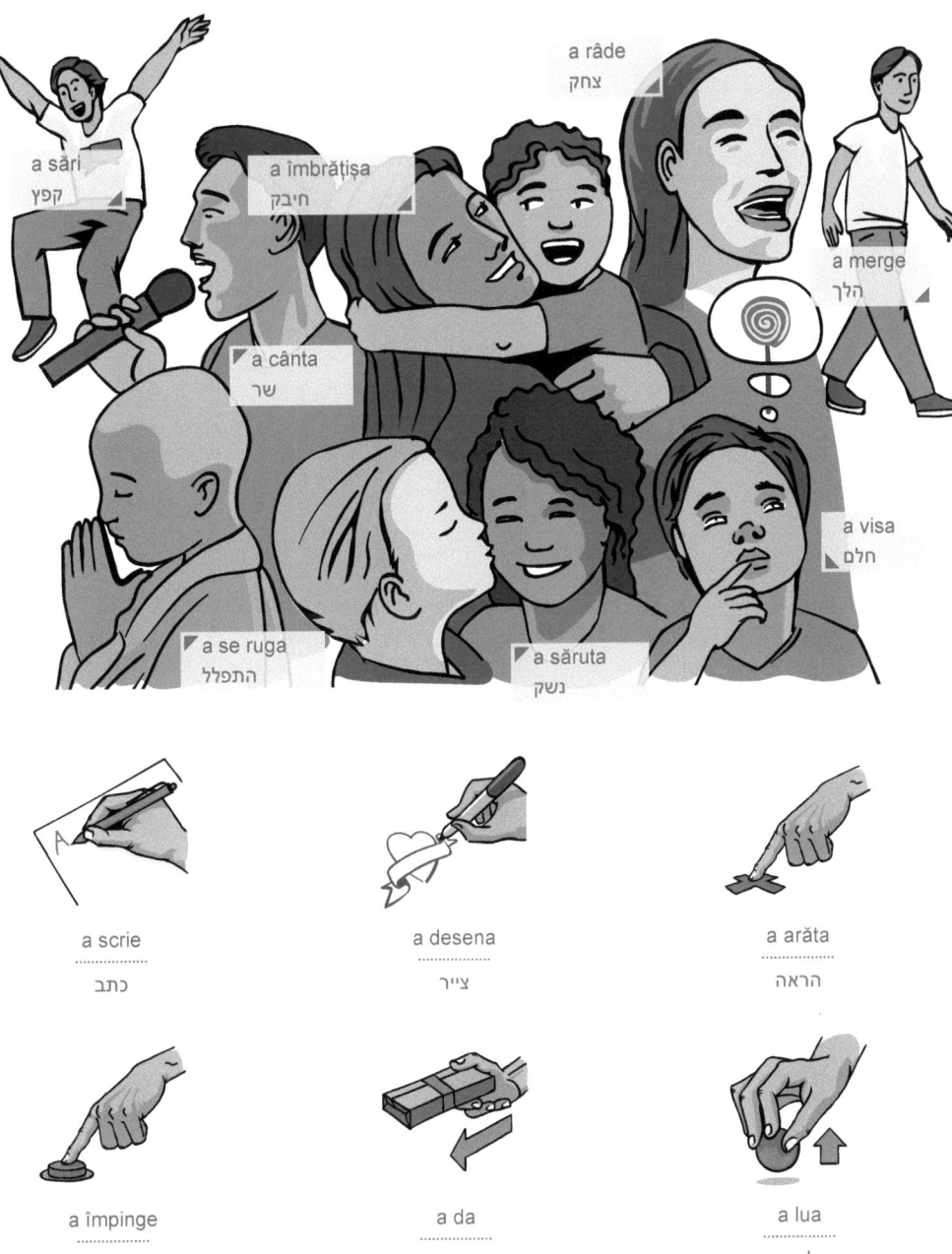

a sări
קפץ

a râde
צחק

a îmbrăţişa
חיבק

a merge
הלך

a cânta
שר

a visa
חלם

a se ruga
התפלל

a săruta
נשק

a scrie
כתב

a desena
צייר

a arăta
הראה

a împinge
דחף

a da
נתן

a lua
לקח

a avea

יש / להיות הבעלים

a face

עשה

a fi

היה

a sta în picioare

עמד

a fugi

רץ

a trage

משך

a arunca

זרק

a cădea

נפל

a sta întins

שכב

a aștepta

חיכה

a purta

סחב

a ședea

ישב

a se îmbrăca

התלבש

a dormi

ישן

a se trezi

התעורר

a privi

-הסתכל ב

a plânge

בכה

a mângâia

ליטף

a se pieptăna

סירק

a vorbi

דיבר

a înțelege

הבין

a întreba

שאל

a asculta

שמע

a bea

שתה

a mânca

אכל

a face ordine

סידר

a iubi

אהב

a găti

בישל

a conduce

נהג

a zbura

עף

a naviga

שט

a calcula

חישב

a citi

קרא

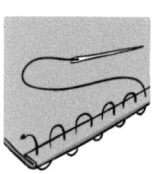

a învăța

למד

a munci

עבד

a se căsători

התחתן

a coase

תפר

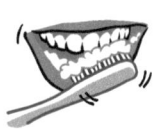

a se spăla pe dinți

ציחצח שיניים

a ucide

הרג

a fuma

עישן

a trimite

שלח

familie

משפחה

bunică
סבתא
bunic
סבא
tată
אבא
mamă
אימא
bebeluș
תינוק
soră
בת
fiu
בן

oaspete
אורח

mătușă
דודה

unchi
דוד

frate
אח

soră
אחות

corp

גוף

frunte
מצח
ochi
עין
umăr
כתף
deget
אצבע
față
פנים
bărbie
סנטר
mână
כף יד
picior
רגל
piept
חזה
braț
זרוע

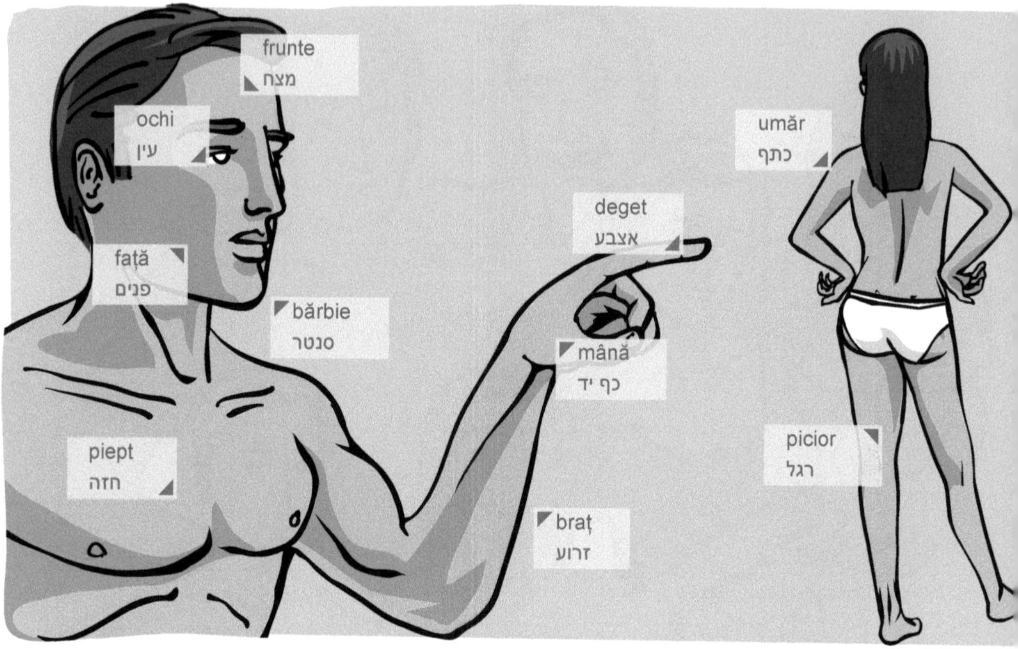

bebeluș

תינוק

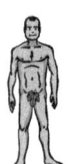

bărbat

איש

femeie

אישה

fată

ילדה

băiat

ילד

cap

ראש

spate

גב

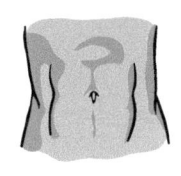

abdomen

בטן

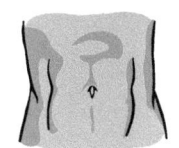

ombilic

טבור

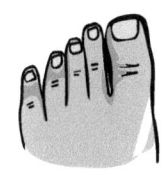

deget de la picior

אצבע

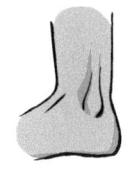

călcâi

עקב

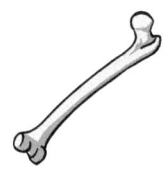

os

עצם

șold

ירך

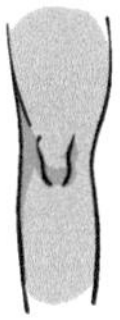

genunchi

ברך

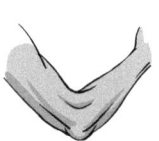

cot

מרפק

nas

אף

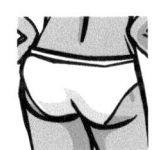

fund

עכוז

piele

עור

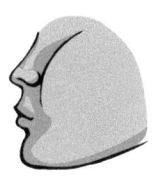

obraz

לחי

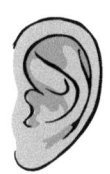

ureche

אוזן

buză

שפתיים

gură

פה

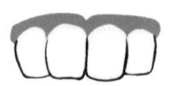

dinte

שן

limbă

לשון

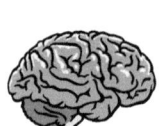

creier

מוח

inimă

לב

mușchi

שריר

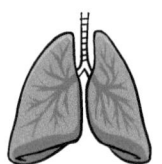

plămân

ריאה

ficat

כבד

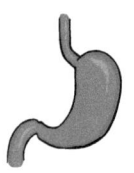

stomac

קיבה

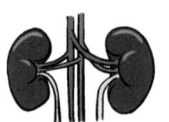

rinichi

כליות

sex

מין

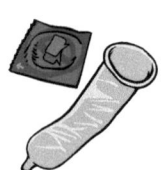

prezervativ

קונדום

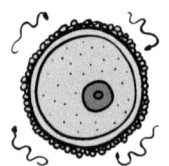

ovul

ביצית

spermă

זרע

sarcină

הריון

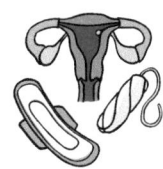

menstruație

ווסת

vagin

נרתיק

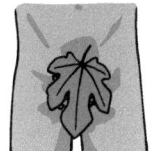

penis

פין

sprânceană

גבה

păr

שיער

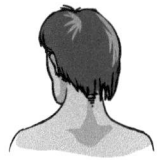

gât

צוואר

spital

בית חולים

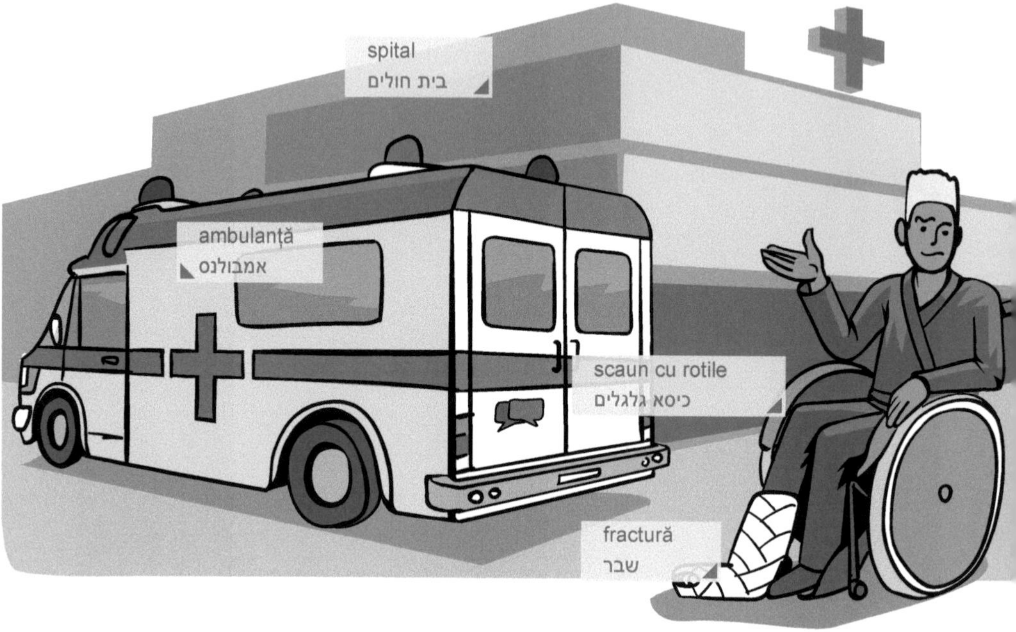

spital
בית חולים
ambulanță
אמבולנס
scaun cu rotile
כיסא גלגלים
fractură
שבר

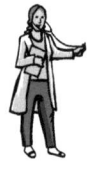

medic

רופא

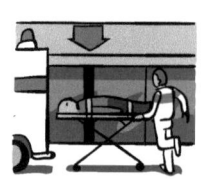

unitate de primiri urgențe

חדר מיון

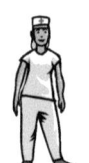

soră medicală

אחות

urgență

חירום

inconștient

חסר הכרה

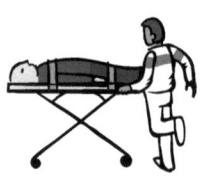

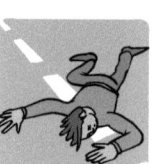

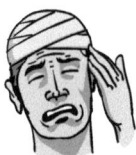

durere

כאב

leziune

פציעה

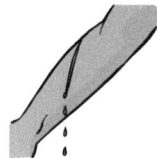

sângerare

דימום

infarct miocardic

התקף לב

atac cerebral

שבץ

alergie

אלרגיה

tuse

שיעול

febră

חום

gripă

שפעת

diaree

שלשול

durere de cap

כאב ראש

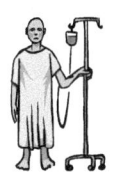

cancer

סרטן

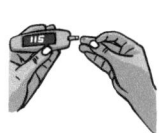

diabet

סוכרת

chirurg

מנתח

scalpel

אזמל

operaţie

ניתוח

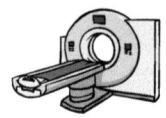

CT

סי-טי

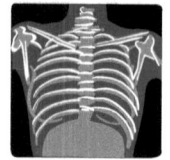

raze Röntgen

רנטגן

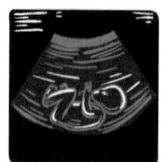

ultrasunet

אולטרסאונד

mască

מסיכת פנים

boală

מחלה

sală de așteptare

חדר המתנה

cârjă

קבה

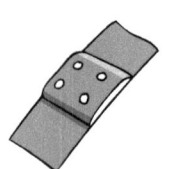

plasture

פלסטר

bandaj

תחבושת

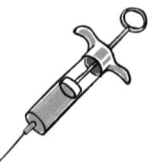

injecție

זריקה

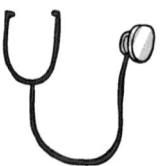

stetoscop

סטטוסקופ

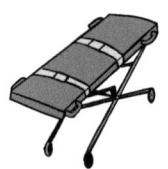

targă

אלונקה

termometru

מד חום

naștere

לידה

supraponderabilitate

עודף משקל

aparat auditiv

מכשיר שמיעה

dezinfectant

מחטא

infecție

זיהום

virus

נגיף

HIV/SIDA

איידס

medicină

תרופה

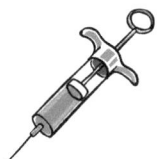

vaccin

חיסון

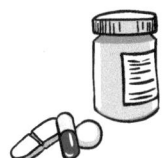

tablete

טבליות

pastilă

גלולה

apel de urgență

קריאת חירום

aparat de măsurare a
presiunii arteriale

מד לחץ דם

bolnav/sănătos

חולה / בריא

urgență

חירום

Ajutor!

הצילו!

alarmă

אזעקה

agresiune

פשיטה

atac

תקיפה

pericol

סכנה

ieșire de urgență

יציאת חירום

Foc!

אש!

extinctor

מטף כיבוי

accident

תאונה

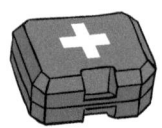

trusă de prim-ajutor

ערכת עזרה ראשונה

SOS

הצילו!

poliție

משטרה

pământ
כדור הארץ

Europa
....
אירופה

America de Nord
....
צפון אמריקה

America de Sud
....
דרום אמריקה

Africa
....
אפריקה

Asia
....
אסיה

Australia
....
אוסטרליה

Altantic
....
האוקיינוס האטלנטי

Pacific
....
האוקיינוס השקט

Oceanul Indian
....
האוקיינוס ההודי

Oceanul Antarctic
....
האוקיינוס האנטרקטי

Oceanul Arctic
....
האוקיינוס הארקטי

Polul Nord
....
הקוטב הצפוני

Polul Sud

הקוטב הדרומי

Antarctica

אנטארקטיקה

pământ

כדור הארץ

țară

אדמה

mare

ים

insulă

אי

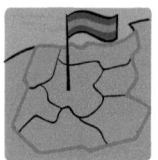

națiune

לאום

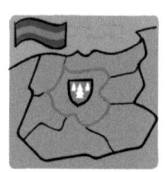

stat

מדינה

ceas

שעון

cadran

פני השעון

orar

מחוג השעות

minutar

מחוג הדקות

secundar

מחוג השניות

Cât e ceasul?

מה השעה?

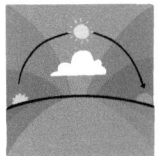

zi

יום

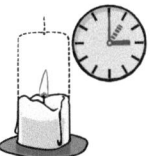

timp

זמן

acum

עכשיו

cead digital

שעון דיגיטלי

minut

דקה

oră

שעה

săptămână
שבוע

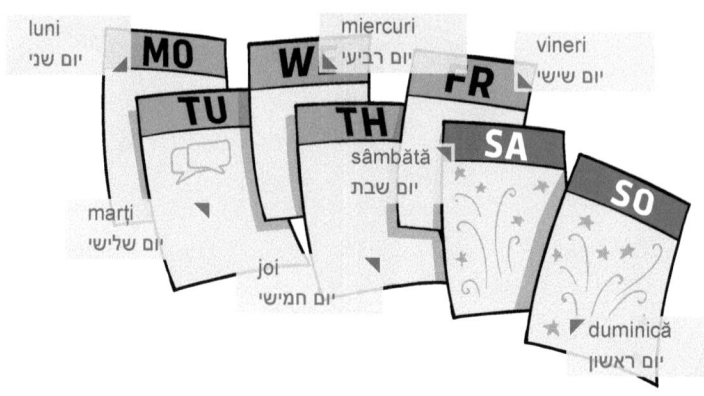

MO
TU
W
TH
FR
SA
luni
יום שני
marți
יום שלישי
miercuri
יום רביעי
joi
יום חמישי
vineri
יום שישי
sâmbătă
יום שבת
duminică
יום ראשון

1

ieri

אתמול

2

azi

היום

3

mâine

מחר

dimineață

בוקר

amiază

צהריים

seară

ערב

MO TU WE TH FR SA SU
1 2 3 4 5 6 7
8 9 10 11 12 13 14
15 16 17 18 19 20 21
22 23 24 25 26 27 28
29 30 31 1 2 3 4

zile lucrătoare

ימי עבודה

MO TU WE TH FR SA SU
1 2 3 4 5 6 7
8 9 10 11 12 13 14
15 16 17 18 19 20 21
22 23 24 25 26 27 28
29 30 31 1 2 3 4

week-end

סוף שבוע

80 săptămână - שבוע

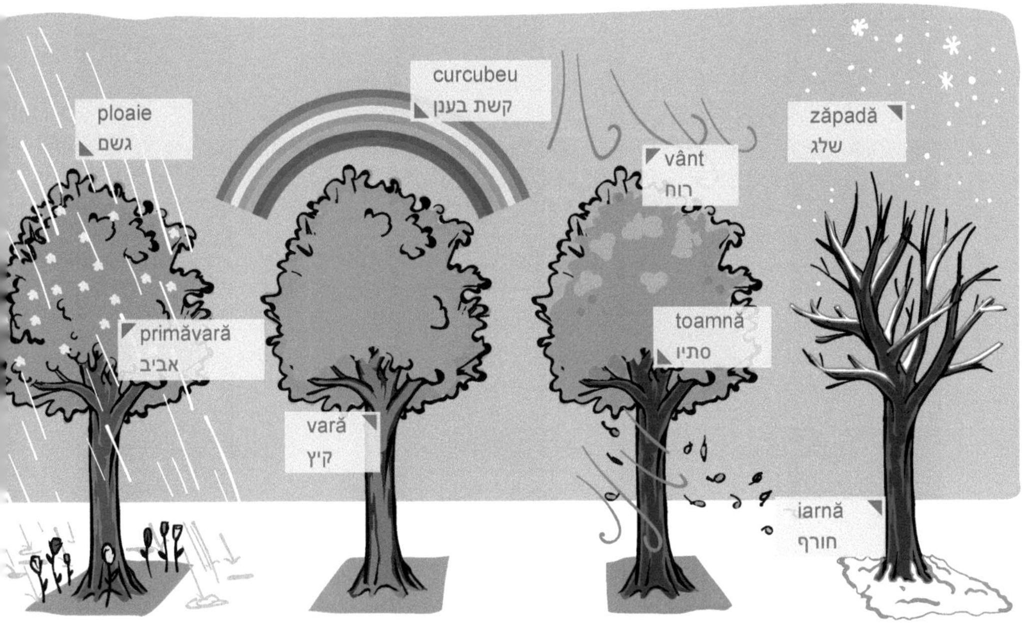

curcubeu
קשת בענן
ploaie
גשם
zăpadă
שלג
vânt
רוח
primăvară
אביב
toamnă
סתיו
vară
קיץ
iarnă
חורף

4.APRIL 11°
5.APRIL 4°
6.APRIL 13°
7.APRIL 8°
8.APRIL 10°

prognoză meteo

תחזית מזג האוויר

termometru

מד חום

lumina soarelui

אור שמש

nor

ענן

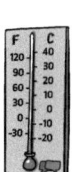

ceață

ערפל

umiditate a aerului

לחות

fulger

ברק

tunet

רעם

furtună

סערה

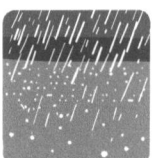

grindină

ברד

muson

רוח עונתי

inundație

שיטפון

gheață

קרח

ianuarie

ינואר

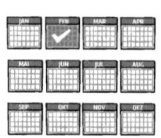

februarie

פברואר

martie

מרץ

aprilie

אפריל

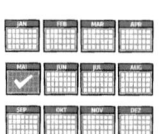

mai

מאי

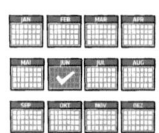

iunie

יוני

iulie

יולי

august

אוגוסט

septembrie
....
ספטמבר

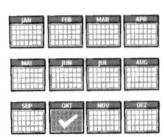

octombrie
....
אוקטובר

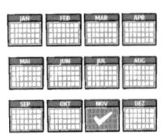

noiembrie
....
נובמבר

decembrie
....
דצמבר

forme

צורות

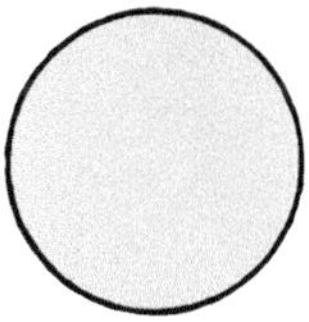

cerc
....
עיגול

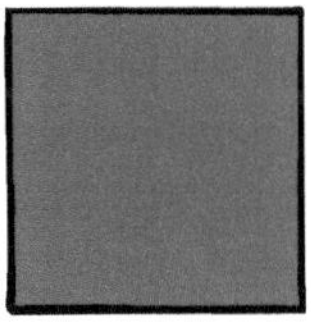

pătrat
....
מרובע

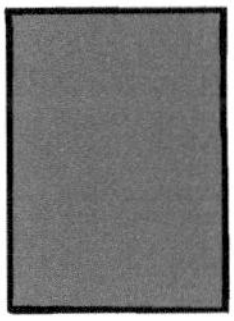

dreptunghi
....
מלבן

triunghi
....
משולש

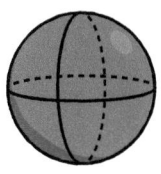

sferă
....
כדור

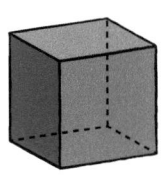

cub
....
קובייה

culori

צבעים

alb

לבן

galben

צהוב

portocaliu

כתום

roz

ורוד

roșu

אדום

violet

סגול

albastru

כחול

verde

ירוק

maro

חום

gri

אפור

negru

שחור

mult/puțin

הרבה / מעט

furios/calm

כועס / רגוע

frumos/urât

יפה / מכוער

început/sfârșit

התחלה / סוף

mare/mic

גדול / קטן

luminos/întunecat

בהיר / כהה

frate/soră

אח / אחות

curat/murdar

נקי / מלוכלך

complet/incomplet

שלם / חלקי

zi/noapte

יום /לילה

mort/viu

מת / חי

lat/strâmt

רחב / צר

comestibil/necomestibil
....
אכיל / לא אכיל

rău/prietenos
....
רשע / טוב לב

emoționat/plictisit
....
מתרגש / משועמם

gras/slab
....
שמן / רזה

primul/ultimul
....
ראשון / אחרון

prieten/inamic
....
חבר / אויב

plin/gol
....
מלא / ריק

tare/moale
....
קשה / רך

greu/ușor
....
כבד / קל

foame/sete
....
רעב / צמא

bolnav/sănătos
....
חולה / בריא

ilegal/legal
....
בלתי-חוקי / חוקי

inteligent/stupid
....
נבון / טיפש

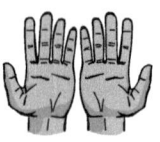

stânga/drepta
....
שמאל / ימין

aproape/departe
....
קרוב / רחוק

nou/uzat

חדש / משומש

nimic/ceva

כלום / משהו

bătrân/tânăr

זקן / צעיר

pornit/oprit

פעיל / כבוי

deschis/închis

פתוח / סגור

încet/tare

שקט / רועש

bogat/sărac

עשיר / עני

corect/fals

נכון / שגוי

aspru/neted

מחוספס / חלק

trist/fericit

עצוב / שמח

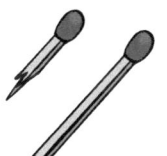

lung/scurt

קצר / ארוך

încet/repede

איטי / מהיר

ud/uscat

רטוב / יבש

cald/rece

חם / קר

război/pace

מלחמה / שלום

cifre

מספרים

0

zero

אפס

1

unu

אחת

2

doi

שתיים

3

trei

שלוש

4

patru

ארבע

5

cinci

חמש

6

șase

שש

7

șapte

שבע

8

opt

שמונה

9

nouă

תשע

10

zece

עשר

11

unsprezece

אחת-עשרה

12

douăsprezece

שתים-עשרה

13

treisprezece

שלוש-עשרה

14

paisprezece

ארבע-עשרה

15

cincisprezece

חמש-עשרה

16

şaisprezece

שש-עשרה

17

şaptesprezece

שבע-עשרה

18

optsprezece

שמונה-עשרה

19

nouăsprezece

תשע-עשרה

20

douăzeci

עשרים

100

o sută

מאה

1.000

o mie

אלף

1.000.000

un milion

מיליון

limbi

שפות

engleză

אנגלית

engleză americană

אנגלית אמריקאית

chineza mandarină

סינית מנדרינית

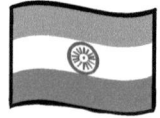

hindi

הודית

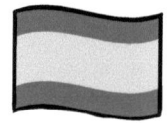

spaniolă

ספרדית

franceză

צרפתית

arabă

ערבית

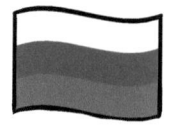

rusă

רוסית

protugheză

פורטוגזית

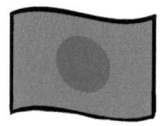

bengaleză

בנגלית

germană

גרמנית

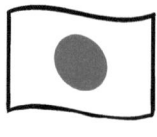

japoneză

יפנית

cine/ce/cum

מי / מה / איך

eu

אני

tu

אתה / את

el/ea

הוא / היא / זה

noi

אנחנו

voi

אתם

ea

הם

cine?

מי?

ce?

מה?

cum?

איך?

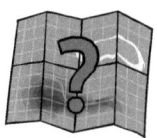

unde?

איפה?

când?

מתי?

nume

שם

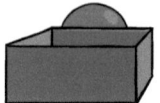

unde

איפה

în spate

מאחור

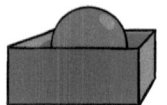

în

בתוך

înainte

לפני

peste

מעל

pe

על

sub

מתחת

lângă

ליד

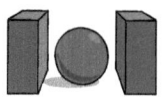

între

בין

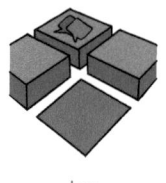

loc

מקום